# ΣΥΓΚΡΙΤΙΚΗ ΑΞΙΟΛΟΓΗΣΗ

Μετρήστε και βελτιώστε τις επιδόσεις της εταιρείας σας

# ΣΥΓΚΡΙΤΙΚΗ ΑΞΙΟΛΟΓΗΣΗ

## Μετρήστε και βελτιώστε τις επιδόσεις της εταιρείας σας

γραμμένο από Antoine Delers
μεταφρασμένο από Lina Sideris

50MINUTES.com

# ΣΥΓΚΡΙΤΙΚΗ ΑΞΙΟΛΟΓΗΣΗ

- **Ονόματα ?** Συγκριτική αξιολόγηση, parangonnage, étalonnage, συγκριτική ανάλυση.

- **Χρήσεις;** Η συγκριτική αξιολόγηση χρησιμοποιείται κυρίως σε επιχειρήσεις, αν και όλο και περισσότερες περιπτώσεις παρατηρούνται στους τομείς των νοσοκομείων και των δημόσιων υπηρεσιών, και από τη φύση της μπορεί να μεταφερθεί σε όλα τα τμήματα μιας επιχείρησης, από την πληροφορική έως την εξυπηρέτηση πελατών και το τμήμα εξυπηρέτησης μετά την πώληση.

- **Γιατί είναι αποτελεσματικό;** Αυτός ο τύπος στρατηγικής μειώνει τους κινδύνους που συνδέονται με την ανάπτυξη και την καινοτομία, επειδή ένας οργανισμός μπορεί να οικειοποιηθεί πρακτικές που έχουν αναπτυχθεί από άλλους και είναι ήδη επιτυχημένες.

- **Λέξεις-κλειδιά?**

  - <u>Συγκριτική αξιολόγηση</u>: αξιολόγηση ενός εργαλείου, μιας διαδικασίας ή μιας εταιρείας με σκοπό τη σύγκρισή της με άλλες αξιολογήσεις.

  - <u>Σημείο αναφοράς</u>: το πρότυπο με το οποίο μπορεί να μετρηθεί ένας δείκτης επιδόσεων.

  - <u>Βέλτιστες πρακτικές</u>: βέλτιστες πρακτικές και διαδικασίες που παρατηρούνται σε μια συγκεκριμένη εταιρεία.

- Ανταγωνιστής: πρόσωπο ή ομάδα που ανταγωνίζεται άλλους στον ίδιο τομέα.

- Δείκτης απόδοσης: μέτρο που προκύπτει από την αξιολόγηση μιας διαδικασίας.

- Αγορά: με τη στενή έννοια, μια ομάδα επιχειρήσεων, πελατών και προμηθευτών που μπορεί να ομαδοποιούνται ή να μην ομαδοποιούνται στο πλαίσιο της ίδιας δραστηριότητας- με την ευρεία έννοια, τα προϊόντα, οι πρώτες ύλες και τα τρίτα μέρη που αλληλεπιδρούν με την αγορά.

- Τοποθέτηση: η θέση που κατέχει ένα προϊόν ή μια εταιρεία (κουλτούρα, αξία) σε μια αγορά, η οποία ορίζεται σε σχέση με άλλους ανταγωνιστές.

- *Ανασχεδιασμός*: αναδιοργάνωση μιας διαδικασίας ή ενός προϊόντος με στόχο τη βελτίωσή του.

- Xerox: αμερικανική εταιρεία φωτοαντιγραφικών μηχανημάτων και εκτυπωτών που χρησιμοποίησε τη συγκριτική αξιολόγηση για να αναπτυχθεί.

Η συγκριτική αξιολόγηση είναι μια μέθοδος ανάλυσης των επιδόσεων και *αναδιοργάνωσης*. Το κύριο ενδιαφέρον μιας τέτοιας προσέγγισης είναι ο εντοπισμός και η μελέτη των βέλτιστων πρακτικών των καλύτερων εταιρειών – όσον αφορά την παραγωγή, την παράδοση, την ποιότητα, την επιλογή των προμηθευτών κ.λπ. Το κύριο πλεονέκτημα μιας τέτοιας προσέγγισης είναι ότι μπορείτε να εντοπίσετε και να μελετήσετε τι κάνουν οι καλύτεροι – όσον αφορά την παραγωγή, την παράδοση, την ποιότητα, την επιλογή των προμηθευτών κ.λπ. – και στη συνέχεια να σκεφτείτε πώς μπορείτε να το εφαρμόσετε πιο αποτελεσματικά στον δικό σας οργανισμό.

# ΙΣΤΟΡΙΑ

Οι απαρχές της συγκριτικής αξιολόγησης ανάγονται στον VI[e] αιώνα π.Χ. Οι απαρχές της συγκριτικής αξιολόγησης χρονολογούνται από τον έκτο αιώνα π.Χ., όταν ένας Κινέζος στρατηγός, γνωστός ως Σουν Τζου (544-496 π.Χ.), έγραψε στο βιβλίο του *Η τέχνη του πολέμου*: "Αν γνωρίζεις τον εχθρό σου και τον εαυτό σου, δεν χρειάζεται να φοβάσαι την έκβαση εκατό μαχών". Αν και η ιδέα της ανάλυσης των στρατηγικών των ανταγωνιστών είναι αρχαία, η έννοια της συγκριτικής αξιολόγησης, με την έννοια που την αντιλαμβανόμαστε σήμερα, αναπτύχθηκε και καθιερώθηκε στον σύγχρονο οικονομικό κόσμο μόλις τη δεκαετία του 1980. Οφείλουμε τον ορισμό του στην εταιρεία Xerox, η οποία, συντριμμένη από τον ανταγωνισμό, ξεκίνησε μια στρατηγική μελέτης των *βέλτιστων πρακτικών* – ιδίως όσον αφορά τη διαχείριση των αποθεμάτων, η οποία αποδείχθηκε πολύ δαπανηρή – μιας από τις θυγατρικές της, προκειμένου να τις εφαρμόσει στη δική της οντότητα. Αυτή η εξερεύνηση εξωτερικών οντοτήτων επέτρεψε τελικά στη Xerox να ανατρέψει τις επιχειρηματικές και οικονομικές της δραστηριότητες και να ανακτήσει μια ισχυρή θέση στην αγορά, ενώ οι λειτουργικές της επιδόσεις βελτιώθηκαν.

##  Η ΤΕΧΝΗ ΤΟΥ ΠΟΛΕΜΟΥ ΤΟΥ SUN TZU

*Η Τέχνη του Πολέμου*, ένα από τα παλαιότερα γνωστά έργα στρατηγικής στον κόσμο, περιγράφει τις καλύτερες στρατιωτικές τακτικές για μάχες μεταξύ δύο βασιλείων. Σήμερα, αυτές οι τεχνικές μπορούν εύκολα να μεταφερθούν στον κόσμο των επιχειρήσεων και γενικά παρουσιάζουν στρατηγικές για την απόκτηση δύναμης, τη γνώση του εχθρού και τη μελέτη του εδάφους. Πολλοί συγγραφείς έχουν προσαρμόσει τις διδασκαλίες που περιέχονται *στην Τέχνη του Πολέμου* σε κανόνες που εφαρμόζονται άμεσα στις επιχειρήσεις στα βιβλία τους που είναι αφιερωμένα σε όλους τους μάνατζερ που επιδιώκουν να κυριαρχήσουν στον οργανισμό τους και στην αγορά τους.

## ΟΡΙΣΜΟΣ ΤΟΥ ΜΟΝΤΕΛΟΥ

*Η συγκριτική αξιολόγηση* είναι ένα εργαλείο για την ανάλυση διαδικασιών, στατιστικών στοιχείων, προϊόντων και υπηρεσιών σε ένα συναφές περιβάλλον – αυτό ενός ανταγωνιστή, συνεργάτη ή άλλου τμήματος της ίδιας εταιρείας. Πρωταρχικός σκοπός του είναι να παρέχει ευκαιρίες βελτίωσης για τις εταιρείες που, μετά από συγκριτική αξιολόγηση, θα ήθελαν να κατανοήσουν γιατί ορισμένοι οργανισμοί έχουν καλύτερες επιδόσεις από άλλους και κυρίως πώς να ενσωματώσουν τις αποτελεσματικές στρατηγικές των ανταγωνιστών στη δομή τους. Χρησιμοποιείται κυρίως σε επιχειρήσεις και, ως εκ τούτου, αποσκοπεί στην παρατήρηση, τη μέτρηση, τη σύγκριση και την εφαρμογή μιας σειράς λειτουργιών που έχουν ήδη αποδείξει την αξία τους σε άλλες οντότητες στο παρελθόν.

# ΘΕΩΡΙΑ – ΠΑΡΟΥΣΙΑΣΗ ΤΗΣ ΕΝΝΟΙΑΣ

Δεδομένου ότι, όπως μας είπε ο διάσημος Σουν Τζου, το να γνωρίζεις τους εχθρούς σου σε βοηθάει να κερδίζεις μάχες, πολλοί ηγέτες, τόσο στρατιωτικοί όσο και εταιρικοί, έχουν αναλάβει έκτοτε να μελετήσουν τις αδυναμίες και τα δυνατά σημεία των αντιπάλων τους προκειμένου να βελτιώσουν τη δική τους στρατηγική.

Σήμερα, φαίνεται αδιανόητο μια εταιρεία να μην ενημερώνεται -μέσω προσεκτικής, εντατικής και συνεχούς παρακολούθησης- για τις στρατηγικές και τις καινοτομίες των ανταγωνιστών της, προκειμένου να διατηρήσει ή και να αυξήσει το μερίδιο αγοράς της. Οι εξελίξεις των τελευταίων πενήντα ετών, που παρατηρούνται στο επίπεδο της προσφοράς και της ζήτησης προϊόντων, έχουν αντιστρέψει την εξουσία και την έχουν δώσει στους πελάτες: η ζήτηση προηγείται πλέον της προσφοράς, κάτι που δεν συνέβαινε πριν από τον Δεύτερο Παγκόσμιο Πόλεμο. Δεν αρκεί πλέον η παραγωγή ενός προϊόντος που μπορεί να ικανοποιήσει μια ομάδα καταναλωτών, το λανσάρισμα υπηρεσιών που δεν είναι ιδιαίτερα καινοτόμες ή η λειτουργία ενός τμήματος μάρκετινγκ χωρίς ενεργητικότητα.

Για να μην βουλιάξουν, οι εταιρείες πρέπει να αλλάξουν τις ανταγωνιστικές τους προσεγγίσεις, να αντιδράσουν πολύ γρήγορα και να προβλέψουν ακόμη και τις ανάγκες, τις επιθυμίες και τις προσδοκίες των σημερινών δυνητικών πελατών. Σε αυτό το σημείο υπεισέρχεται η συγκριτική αξιολόγηση, καθώς αποτελεί ένα επιχειρησιακό και στρατηγικό εργαλείο που επιτρέπει τη συνεχή βελτίωση των διαδικασιών μιας εταιρείας: για παράδειγμα, καλύτερη εξυπηρέτηση των πελατών, καινοτόμα προϊόντα ή παραγωγή με χαμηλότερο κόστος, τα οποία αποτελούν πηγές προστιθέμενης αξίας για τον πελάτη.

## ΔΙΑΦΟΡΕΤΙΚΟΙ ΤΥΠΟΙ ΣΥΓΚΡΙΤΙΚΗΣ ΑΞΙΟΛΟΓΗΣΗΣ

### Εσωτερική συγκριτική αξιολόγηση

Στον πρώτο τύπο, η εταιρεία συγκρίνει τα διάφορα τμήματά της για να συγκεντρώσει τις βέλτιστες πρακτικές που χρησιμοποιούνται με σκοπό τη γενίκευσή τους σε ολόκληρη την εταιρεία. Για παράδειγμα, μια αποτελεσματική μέθοδος αρχειοθέτησης που χρησιμοποιείται στο λογιστήριο θα υιοθετηθεί στο τμήμα ανθρώπινων πόρων. Η ανατροφοδότηση είναι πολύ σημαντική σε αυτή την περίπτωση, καθώς τα τμήματα μπορεί να συνεργάζονται καθημερινά.

Αυτή είναι η ευκολότερη μέθοδος εφαρμογής, καθώς :

- τα δεδομένα είναι διαθέσιμα σχεδόν αμέσως,

- οι ανθρώπινοι πόροι είναι διαθέσιμοι για συνεργασία.

Ωστόσο, αυτού του είδους η συγκριτική αξιολόγηση δεν επιφέρει κάποια ιδιαίτερη επανάσταση, δεδομένου ότι ο οργανισμός είναι συχνά αρκετά ομοιογενής στις λειτουργικές του προσεγγίσεις: οι διαδικασίες εργασίας είναι συχνά παρόμοιες. Αυτό οφείλεται εν μέρει στην εταιρική κουλτούρα και τις κοινές αξίες, αλλά και στις εσωτερικές προαγωγές και μεταθέσεις που διαδίδουν ιδέες και καλές πρακτικές σε όλη την εταιρεία.

## Εξωτερική συγκριτική αξιολόγηση

Αυτός ο δεύτερος τύπος συγκριτικής αξιολόγησης είναι ο πιο συνηθισμένος. Δεν βασίζεται πλέον στις υπηρεσίες μιας και μόνο εταιρείας, αλλά στοχεύει στην ανάλυση των υπηρεσιών ανταγωνιστικών εταιρειών και εταιρειών από άλλους τομείς που αναγνωρίζονται ως ηγέτες στον υπό μελέτη τομέα. Επομένως, δεν υπάρχει καμία αμφιβολία ότι αυτό το είδος συγκριτικής αξιολόγησης έχει προστιθέμενη αξία, καθώς παρέχει *βέλτιστες πρακτικές που* μερικές φορές είναι πολύ διαφορετικές από αυτές που χρησιμοποιούνται σε μια εταιρεία μέχρι σήμερα.

Τα κύρια μέσα άντλησης πληροφοριών είναι από τις θυγατρικές, τις συνεργαζόμενες εταιρείες, τις μελέτες που διατίθενται στο Διαδίκτυο, τα συνέδρια και τις εκθέσεις εταιρειών.

## Ανταγωνιστική συγκριτική αξιολόγηση

Γνωστός και ως "ανταγωνιστική συγκριτική ανάλυση", αυτός ο τύπος συγκριτικής ανάλυσης βασίζεται σε μια ανταγωνιστική εταιρεία του ίδιου τομέα, της οποίας μελετώνται η στρατηγική, οι καινοτομίες προϊόντων και υπηρεσιών, το κόστος και οι χρόνοι παραγωγής, καθώς και η υπάρχουσα εμπορική υπηρεσία, με απώτερο στόχο να πλησιάσει όσο το δυνατόν περισσότερο τις απαιτήσεις του σημερινού και του δυνητικού πελάτη.

Αυτή είναι η λιγότερο προφανής συγκριτική αξιολόγηση που μπορεί να εφαρμοστεί: η απόκτηση των σχετικών πληροφοριών είναι κουραστική και αβέβαιη, καθώς αναφέρεται τακτικά σε γενικά στοιχεία που η ανταγωνίστρια εταιρεία ήταν πρόθυμη να δημοσιεύσει, όπως τα συνολικά της στοιχεία ή μη στρατηγικές εσωτερικές μεθόδους.

## Λειτουργική συγκριτική αξιολόγηση

Ο τελευταίος τύπος συγκριτικής αξιολόγησης βασίζεται αποκλειστικά στις διαδικασίες της εταιρείας, οι οποίες, λόγω της γενικής τους φύσης, είναι μεταβιβάσιμες μεταξύ εταιρειών σε ενίοτε πολύ διαφορετικούς τομείς. Έτσι, οι εταιρείες στις οποίες θα βασιστεί η λειτουργική συγκριτική αξιολόγηση μπορούν να προέρχονται από διαφορετικές αγορές, με την προϋπόθεση ότι αναγνωρίζονται ως ηγέτες στον τομέα τους. Συχνά υπογράφεται εταιρική σχέση, η οποία προσφέρει το πλεονέκτημα της εύκολης πρόσβασης σε πληροφορίες και της ανταλλαγής *βέλτιστων πρακτικών*.

Το σημαντικότερο μειονέκτημα αυτής της μεθόδου είναι η έλλειψη ευθυγράμμισης μεταξύ στρατηγικών, πολιτισμών και επιχειρηματικών τομέων, η οποία μπορεί να παρεμποδίσει την αποτελεσματική συγκριτική αξιολόγηση.

 **ΤΟ ΗΞΕΡΕΣ ΑΥΤΟ;**

Η έλλειψη εμπιστευτικών πληροφοριών σχετικά με τους ανταγωνιστές δεν αποτελεί πάντα πρόβλημα. Η συγκριτική αξιολόγηση μπορεί, για παράδειγμα, να χρησιμοποιηθεί για τη συλλογή γενικών στατιστικών στοιχείων σχετικά με το κόστος και τους χρόνους παραγωγής – χωρίς να ανησυχείτε για την κατανόηση των παραγόντων επιτυχίας – προκειμένου να αμφισβητήσετε τους ανταγωνιστές σας από μόνοι σας. Αυτό είναι γνωστό ως "μη παρεμβατική συγκριτική αξιολόγηση" ή "συγκριτική αξιολόγηση αποτελεσμάτων".

# ΕΤΑΙΡΙΚΕΣ ΕΦΑΡΜΟΓΕΣ

Σήμερα, οι εφαρμογές της συγκριτικής αξιολόγησης στις επιχειρήσεις είναι σχεδόν άπειρες. Από τη στιγμή που επιδιώκουμε να βελτιώσουμε μια διαδικασία ή τη γενική λειτουργία ενός τμήματος, μπορούμε να επηρεάσουμε όλες τις επιχειρησιακές και λειτουργικές υπηρεσίες του οργανισμού, συμπεριλαμβανομένης της υπηρεσίας συντήρησης κτιρίων. Για παράδειγμα, το τελευταίο μπορεί να βελτιστοποιηθεί εμπνεόμενο από μια ενεργή και καινοτόμο εταιρεία στον τομέα της συντήρησης κτιρίων.

## Παράδειγμα 1 – Βελτίωση της εξυπηρέτησης πελατών

Ένας από τους κύριους στόχους της συγκριτικής αξιολόγησης είναι η βελτίωση της εξυπηρέτησης των πελατών, τόσο πριν όσο και μετά την πώληση. Ένα χαρακτηριστικό παράδειγμα είναι ο χρόνος αναμονής που υφίστανται οι επισκέπτες όταν φτάνουν σε ένα ξενοδοχείο. Σε αυτή την περίπτωση, το δάχτυλο είναι στραμμένο στις διοικητικές διαδικασίες και/ή στον καθαρισμό από τις ομάδες συντήρησης. Για να αντιμετωπίσουν αυτό το πρόβλημα, οι διευθυντές μπορεί να αποφασίσουν να χρησιμοποιήσουν λειτουργική συγκριτική αξιολόγηση, για παράδειγμα, πηγαίνοντας στο νοσοκομείο Χ για να μελετήσουν πώς λειτουργεί η κατανομή των κλινών στο τμήμα επειγόντων περιστατικών. Αυτό, καθώς είναι εξ ορισμού γρήγορο και αποτελεσματικό, θα τους χρησιμεύσει ως παράδειγμα για να θέσουν σε εφαρμογή ένα αποτελεσματικό σύστημα για να εξασφαλίσουν καλύτερη υποδοχή για τους επισκέπτες τους, γεγονός που μπορεί να αποτελέσει βασικό παράγοντα για την επιλογή ενός ξενοδοχείου.

## Παράδειγμα 2 – Εγκατάσταση σε άλλη χώρα

Η ίδρυση ενός υποκαταστήματος σε μια απομακρυσμένη περιοχή συνοδεύεται συχνά από ορισμένα προβλήματα που σχετίζονται με τις πολιτισμικές διαφορές μεταξύ των αρχικών και των μελλοντικών πελατών, αλλά και με τις σχέσεις μεταξύ εργαζομένων και διοίκησης ή μεταξύ του συνδικάτου και των διοικητικών οργάνων (εκτελεστική διοίκηση και διοικητικό συμβούλιο).

Μια μελέτη συγκριτικής αξιολόγησης, ανταγωνιστικού ή λειτουργικού τύπου, σε εταιρείες που είναι ήδη εγκατεστημένες στη χώρα μπορεί να αποδειχθεί χρήσιμη για να ξεπεραστούν αυτές οι δυσκολίες προσαρμογής.

## Παράδειγμα 3 – Βελτίωση των διοικητικών διαδικασιών

Η συγκριτική αξιολόγηση μπορεί επίσης να χρησιμοποιηθεί για την εφαρμογή καινοτόμων λύσεων στις διοικητικές διαδικασίες. Εάν μια εταιρεία έχει να αντιμετωπίσει πολλά διοικητικά καθήκοντα – ο τομέας της δημόσιας διοίκησης αποτελεί εξαιρετικό παράδειγμα – όπως η διαχείριση της εισερχόμενης και εξερχόμενης αλληλογραφίας, η προσέγγιση αυτή θα εκτιμηθεί ιδιαίτερα.

## Άλλες βελτιώσεις

Εκτός από τα συγκεκριμένα παραδείγματα που αναπτύχθηκαν παραπάνω, υπάρχουν πολλοί τομείς στους οποίους μπορεί να συμβάλει η συγκριτική αξιολόγηση και οι αναλύσεις μπορούν να εφαρμοστούν σε όλα τα προϊόντα και τις υπηρεσίες, αλλά και στις διαδικασίες του οργανισμού. Σε αυτές περιλαμβάνονται: η συνολική στρατηγική της εταιρείας, η διαχείριση της καινοτομίας και της ανάπτυξης προϊόντων και υπηρεσιών, η διαχείριση των ανθρώπινων πόρων, η διαχείριση των διαδικασιών παραγωγής και διανομής (μείωση των χρόνων παράδοσης και του κόστους της αλυσίδας εφοδιασμού) και πολλά άλλα.

## ΟΦΕΛΗ ΤΗΣ ΣΥΓΚΡΙΤΙΚΗΣ ΑΞΙΟΛΟΓΗΣΗΣ

Τα οφέλη της συγκριτικής αξιολόγησης για μια εταιρεία είναι πολυάριθμα – η αναζήτηση της αποτελεσματικότητας είναι απαραίτητη για τη διασφάλιση της βιωσιμότητας της εταιρείας – ιδίως επειδή οι δυνατότητες εφαρμογής είναι σχεδόν απεριόριστες. Αυτά περιλαμβάνουν

- **αποτελεσματικότερες διαδικασίες.** Χάρη στις ορθές πρακτικές που μεταδίδονται μεταξύ εταιρειών και υπηρεσιών, όλες οι διαδικασίες μπορούν να βελτιωθούν, καθιστώντας τες πιο αποτελεσματικές, λιγότερο δαπανηρές και ταχύτερες, ανάλογα με την περίπτωση,

- **περιορισμένο κόστος σχεδιασμού.** Με τη χρήση της συγκριτικής αξιολόγησης, οι διαδικασίες δεν εφευρίσκονται πλέον εκ νέου, αλλά μάλλον "συγκρίνονται" – με άλλα λόγια, βασίζονται σε αυτό που ήδη υπάρχει – έτσι ώστε τα χρήματα που εξοικονομούνται να μπορούν να επενδυθούν σε άλλα έργα,

- **αποδεδειγμένες διαδικασίες που εξασφαλίζουν την επιτυχία.** Βασιζόμενοι σε στρατηγικές που έχουν επιτύχει σε άλλες εταιρείες, διασφαλίζουμε ότι είναι αποτελεσματικές και ότι οδηγούν σε βελτιώσεις στις σχετικές υπηρεσίες. Θα πρέπει να σημειωθεί ότι σε ορισμένες περιπτώσεις, η διαφορά στην κουλτούρα και τις αξίες μεταξύ δύο εταιρειών δεν το επιτρέπει πάντα,

- **επιθυμία για συνεχή βελτίωση.** Ανεξάρτητα από τη φύση της συγκριτικής αξιολόγησης, τα συγκριτικά τμήματα μπορούν με τη σειρά τους να κοινοποιήσουν τις *βέλτιστες πρακτικές* τους. Επιπλέον, η άσκηση αυτή επηρεάζει τα κίνητρα των εργαζομένων που αισθάνονται ότι λαμβάνονται υπόψη, καθώς η αποτελεσματική μέθοδος εργασίας τους συμμετέχει στην αναζήτηση και υποστήριξη της συνεχούς βελτίωσης της εταιρείας.

- **Αδυναμίες που είχαν απορριφθεί εξαρχής.** Αναλύοντας τις διαδικασίες της άλλης ή τα προϊόντα που διατίθενται στην αγορά, μια εταιρεία μπορεί να συνειδητοποιήσει γρήγορα τις αδυναμίες της καθεμιάς και να προσπαθήσει έτσι να αποφύγει την επανάληψη των ίδιων λαθών.

# ΠΕΡΙΟΡΙΣΜΟΙ ΤΟΥ ΜΟΝΤΕΛΟΥ ΚΑΙ ΕΠΕΚΤΑΣΕΙΣ

## ΠΕΡΙΟΡΙΣΜΟΙ ΚΑΙ ΚΡΙΤΙΚΗ ΤΟΥ ΜΟΝΤΕΛΟΥ

Όπως φαίνεται παραπάνω, η συγκριτική αξιολόγηση μπορεί να εφαρμοστεί σε όλα τα τμήματα μιας επιχείρησης και, επομένως, μπορεί να χρησιμοποιηθεί από κάθε διευθυντή, σε όλα τα επίπεδα της ιεραρχίας και σε όλα τα τμήματα. Ωστόσο, αυτή η καθολικότητα έχει σημαντικούς περιορισμούς, όπως ιδίως: το επαγγελματικό απόρρητο, το οποίο κάθε εργαζόμενος πρέπει να σέβεται, και οι πολιτισμικές διαφορές, οι οποίες μπορεί να οδηγήσουν στην ακατάλληλη εφαρμογή ορισμένων τεχνικών συγκριτικής αξιολόγησης.

### Αντιγραφή, αλλά μόνο στα καλύτερα

Ο πρώτος περιορισμός στη χρήση μιας μεθόδου συγκριτικής αξιολόγησης είναι η επιλογή των εταίρων. Αυτό είναι υψίστης σημασίας, διότι η επιχείρηση που διεξάγει μια συγκριτική αξιολόγηση έχει κάθε συμφέρον να μελετήσει τους καλύτερους, εκείνους που διακρίνονται για την καινοτομία των διαδικασιών ή *των αποτελεσμάτων τους* και οι οποίοι έχουν ως εκ τούτου αποδείξει την αξία τους στην αγορά.

# Αντιγράψτε, αλλά μην κλέβετε

Εξ ορισμού, η συγκριτική αξιολόγηση είναι μια πρακτική αντιγραφής από τον γείτονα με κίνητρο τη συνάφεια των καλών πρακτικών του τελευταίου. Ωστόσο, η διαχωριστική γραμμή μεταξύ βιομηχανικής κατασκοπείας και συγκριτικής αξιολόγησης είναι μερικές φορές τόσο λεπτή που είναι συχνά προτιμότερο, στην περίπτωση άμεσων ανταγωνιστών, να περιορίζεται κανείς σε δημόσια δεδομένα ή να απευθύνεται σε άλλους εταίρους, όπως προμηθευτές και διανομείς.

## Ανακάλυψη καλών πρακτικών που μπορούν να εφαρμοστούν στην εταιρεία σας

Δεν είναι όλες οι μέθοδοι ίσες. Επιπλέον, είναι σημαντικό να αναγνωριστούν οι παράγοντες που καθιστούν μια εταιρεία επιτυχημένη. Εάν η παράδοση ενός βιβλίου είναι πολύ γρήγορη, αυτό δεν οφείλεται απαραίτητα στη δύναμη του κινητήρα του φορτηγού παράδοσης- μάλλον, στις περισσότερες περιπτώσεις, οφείλεται στην απόδοση της υλικοτεχνικής υποδομής που υπάρχει. Το παράδειγμα αυτό, αν και απλοϊκό, καταδεικνύει ότι η ανάλυση των διαδικασιών μας επιτρέπει να διακρίνουμε τους πραγματικούς παράγοντες επιτυχίας.

## Εξασφάλιση διαφορών στην κουλτούρα και τη στρατηγική

Δεν είναι όλες οι ιδέες μεταβιβάσιμες. Μια τεχνική παρακίνησης των εργαζομένων με βάση τον κύκλο εργασιών θα λειτουργήσει καλά για μια ομάδα πωλήσεων, αλλά θα είναι λιγότερο αποτελεσματική για μια λογιστική ομάδα. Ομοίως, ένας εταίρος με εντελώς διαφορετικό όραμα και στρατηγική δεν θα προσφέρει πάντα συγκριτική αξιολόγηση προσαρμοσμένη στις ανάγκες μιας άλλης εταιρείας. Ο κανόνας δείχνει ότι όσο πιο διαφορετική και απομακρυσμένη είναι η διαδικασία που μελετάται από εκείνη της εταιρείας που ξεκινά τη συγκριτική αξιολόγηση, τόσο λιγότερο μεταβιβάσιμη θα είναι. Οι κίνδυνοι αντίστασης στην αλλαγή θα είναι αναλογικά μεγαλύτεροι.

## Σύγκριση του κόστους της συγκριτικής αξιολόγησης

Ακόμη και αν, ιδίως στο πλαίσιο της δημιουργίας προϊόντων, η συγκριτική αξιολόγηση οδηγεί σε σημαντική μείωση του κόστους μετά τη χρήση προϋπαρχουσών τεχνικών ή διαδικασιών, δεν πρέπει να λησμονείται ότι η μέθοδος αυτή δημιουργεί επίσης κόστος. Οι συνεργασίες, τα άτομα που ασχολούνται με την έρευνα, την ανάλυση και τις περιόδους εφαρμογής της συγκριτικής αξιολόγησης αποτελούν έναν προϋπολογισμό που πρέπει να λαμβάνεται υπόψη κατά τη δημιουργία μιας τέτοιας προσέγγισης. Όπως και με άλλες επενδύσεις, είναι επομένως σκόπιμο να γίνει ένας προσωρινός υπολογισμός της *απόδοσης της επένδυσης* (ROI), ο οποίος θα επιτρέψει να εκτιμηθεί, για παράδειγμα, ο αριθμός των ανταγωνιστών που πρέπει να μελετηθούν για ένα αντιπροσωπευτικό δείγμα των υφιστάμενων πρακτικών.

## Διασφάλιση της ευημερίας των εργαζομένων

Η συνεχής επανεξέταση των λειτουργιών, η κινητοποίηση των πόρων για την προσαρμογή των διαδικασιών των τμημάτων, μπορεί να κάνει πολλούς υπαλλήλους να ανατριχιάσουν. Επιπλέον, η συγκριτική αξιολόγηση, η οποία αποτελεί την ουσία της συγκριτικής αξιολόγησης, μπορεί να οδηγήσει τους διευθυντές να ζητούν όλο και περισσότερα από τους υπαλλήλους τους, γεγονός που συχνά οδηγεί σε υπερκόπωση και άγχος. Η διασφάλιση ότι όλοι επωφελούνται, ιδίως μέσω της αποτελεσματικής *διαχείρισης της αλλαγής*, πρέπει επομένως να αποτελεί ένα από τα πρωταρχικά μέλημα των διευθυντών, προκειμένου να διευκολυνθεί η επιτυχής εφαρμογή των νέων πρακτικών. Χρειάζεται προσεκτική επικοινωνία για να διασφαλιστεί ότι οι εργαζόμενοι αντιλαμβάνονται τις θετικές επιπτώσεις αυτών των αποφάσεων – προσωπικές, τμηματικές και εταιρικές επιδόσεις – και παραμένουν παρακινημένοι.

## Διαχειριση Αλλαγων
## Η Διαχειριση Αλλαγων

*Η διαχείριση της αλλαγής* είναι μια διοικητική προσέγγιση που επικεντρώνεται κυρίως στην παρακολούθηση των αλλαγών στο εσωτερικό μιας επιχείρησης (επικοινωνία, ψυχολογική υποστήριξη κ.λπ.). Υιοθετείται κατά τη διάρκεια σημαντικών αλλαγών σε μια εταιρεία, διευκολύνει τις μεταβατικές περιόδους που συνδέονται με τις αλλαγές και συνοδεύει τους εργαζόμενους, ώστε όλοι να κατανοήσουν τα μυστικά μιας τέτοιας διαδικασίας.

## ΕΠΕΚΤΑΣΗ ΚΑΙ ΣΥΝΑΦΗ ΜΟΝΤΕΛΑ

Από τη δεκαετία του 1980, η έννοια της συγκριτικής αξιολόγησης δεν έχει αλλάξει σημαντικά, εκτός από τη σημασία της σχεδόν συστηματικής υποστήριξης (π.χ. *διαχείριση της αλλαγής*) των εργαζομένων κατά τη διάρκεια περιόδων μετάβασης και αλλαγής και την ουσιαστική συμβολή των ηλεκτρονικών μέσων για τη διευκόλυνση της συλλογής και διάδοσης των πληροφοριών. Ωστόσο, έχουν γίνει μικρές αλλαγές, ιδίως όσον αφορά τις διαδικασίες που πρέπει να ακολουθούνται κατά το σχεδιασμό ή την ονομασία των τύπων συγκριτικής αξιολόγησης, τις σημαντικότερες από τις οποίες είδαμε.

## Η μέθοδος Kaizen ή η φιλοσοφία της συνεχούς βελτίωσης της ποιότητας

Μια σχετική μέθοδος, ωστόσο, κερδίζει έδαφος σε πολλές κατασκευαστικές εταιρείες- πρόκειται για μια φιλοσοφία που βασίζεται στη συνεχή βελτίωση της ποιότητας. Το Kaizen, από τα ιαπωνικά [*kai*] "αλλαγή" και [*zen*] "καλό", που διαδόθηκε τη δεκαετία του 1950, στοχεύει στη συνεχή βελτίωση των διαδικασιών παραγωγής σε μια γραμμή παραγωγής.

> *Κάντε το καλύτερο, κάντε το καλύτερο, κάντε το ακόμα καλύτερο, αν δεν είναι χαλασμένο, γιατί αν δεν το κάνουμε, δεν μπορούμε να ανταγωνιστούμε αυτούς που το κάνουν.*
>
> *Ανώνυμος*

## TQM ή Διαχείριση Ολικής Ποιότητας

Η Διοίκηση *Ολικής Ποιότητας* είναι μια ιαπωνική έννοια της διαχείρισης ποιότητας που περιλαμβάνει όλους τους πόρους μιας γραμμής παραγωγής. Κάθε υπάλληλος και εργαζόμενος είναι αφοσιωμένος στον συνεχή έλεγχο της ποιότητας της παραγωγής καθ' όλη τη διάρκεια της παραγωγικής διαδικασίας.

Πρωταρχικός στόχος είναι η μείωση των σφαλμάτων και της σπατάλης και, στη συνέχεια, ο έλεγχος ότι όλα λειτουργούν σε όλη την αλυσίδα. Αυτό μπορεί εύκολα να συνδεθεί με τη συγκριτική αξιολόγηση, καθώς και τα δύο είναι συνεχή.

## Ο τροχός PDCA Deming

Ο τροχός του Deming "PDCA" είναι μια μέθοδος για τη συνεχή βελτίωση της ποιότητας. Αποτελείται από τέσσερις φάσεις:

- *Σχέδιο* (σχέδιο, καθορισμός στόχων) ,

- *Do* (κάντε, αναλάβετε δράση, εφαρμόστε) ,

- *Ελέγξτε* (επαληθεύστε τα αποτελέσματα συγκρίνοντας τα με τις προβλέψεις) ,

- *Δράστε* (διορθώστε και προσαρμόστε).

Αυτές οι διαφορετικές φάσεις, όπως υποδηλώνει και το όνομα του μοντέλου, πρέπει να χρησιμοποιούνται συνεχώς κατά τη διάρκεια των δραστηριοτήτων. Ο στόχος είναι να σκεφτούμε πιθανές βελτιώσεις, να τις πραγματοποιήσουμε, να ελέγ-ξουμε ότι όλα λειτουργούν και στη συνέχεια να ξεκινήσουμε πάλι από την αρχή.

## Η μέθοδος DMAIC του Έξι Σίγμα

- *Ορισμός*: καθορίστε το περιεχόμενο και τους στόχους της διαδικασίας.

- *Μέτρο*: για τη μέτρηση της απόδοσης.

- *Αναλύστε*: αναλύστε τις διαδικασίες για τον εντοπισμό προβλημάτων.

- *Βελτιώστε*: κάντε τις απαραίτητες βελτιώσεις.

- *Έλεγχος*: έλεγχος και ρύθμιση.

Η μέθοδος Six Sigma είναι μια προσέγγιση για τη βελτίωση της ποιότητας και των διαδικασιών παραγωγής με βάση στατιστικά στοιχεία που έχουν καθοριστεί και μετρηθεί προηγουμένως, με απώτερο στόχο τη μείωση των ελαττωμάτων των προϊόντων. Η DMAIC επιτρέπει την εφαρμογή της μεθόδου Six Sigma σε μια εταιρεία ακολουθώντας τις διάφορες φάσεις, οι οποίες είναι επίσης σχετικά παρόμοιες με την προηγούμενη έννοια PDCA.

Οι προσεγγίσεις αυτές συνδέονται στενά με τη συγκριτική αξιολόγηση και μπορούν να χρησιμοποιηθούν μαζί. Η συγκριτική αξιολόγηση είναι πράγματι μια ποιοτική διαδικασία, η οποία, θα πρέπει να θυμόμαστε, δεν πρέπει να πραγματοποιείται μόνο μία φορά, αλλά θα πρέπει να βοηθά τις επιχειρήσεις να αντιδρούν συνεχώς, ώστε να συμβαδίζουν με την αγορά.

# ΕΦΑΡΜΟΓΗ ΤΗΣ ΕΝΝΟΙΑΣ ΣΤΗΝ ΠΡΑΞΗ

Ας δούμε τις διάφορες φάσεις της εφαρμογής μιας προσέγγισης συγκριτικής αξιολόγησης σε μια εταιρεία. Καθώς η τρέχουσα βιβλιογραφία δεν προσφέρει έναν ακριβή αριθμό σταδίων, επιλέξαμε την ταξινόμηση σε πέντε κύριες φάσεις.

Προκειμένου να διευκολυνθεί η κατανόηση του κειμένου, η έννοια εξετάζεται με γενικό τρόπο, ενώ η εφαρμογή της ισχύει για προϊόντα, υπηρεσίες καθώς και για όλους τους τύπους συγκριτικής αξιολόγησης.

## ΦΑΣΗ 1 – ΠΡΟΚΑΤΑΡΚΤΙΚΗ ΜΕΛΕΤΗ ΚΑΙ ΣΧΕΔΙΑΣΜΟΣ

Η πρώτη φάση ενός έργου συγκριτικής αξιολόγησης είναι ζωτικής σημασίας, καθώς καθορίζει τις διαδικασίες που αναλύονται και κατανέμει τους πόρους που πρέπει να κινητοποιηθούν για το έργο. Η φάση αυτή περιλαμβάνει τρία στάδια:

* την επιλογή της διαδικασίας ,

* την επιλογή των πόρων ,

* σχεδιασμός και τελική κοστολόγηση.

### Η επιλογή της διαδικασίας

Η συγκριτική αξιολόγηση ξεκινά συχνά με μια αρχική παρατήρηση (μια εξωτερική απειλή ή μια εσωτερική δυσλειτουργία), η οποία ωθεί την εταιρεία να αντιδράσει.

Για παράδειγμα, μπορεί η εταιρεία να χάνει μερίδιο αγοράς λόγω του αυξημένου ανταγωνισμού. Στην περίπτωση αυτή, η επιχείρηση πρέπει να καταβάλει κάθε δυνατή προσπάθεια για να εντοπίσει τα αίτια, τα οποία μπορεί να είναι αποτέλεσμα της έλλειψης καινοτομίας από τα τμήματα Ε&Α (Έρευνας και Ανάπτυξης) ή μάρκετινγκ, της παλαίωσης των προϊόντων, της άφιξης ενός νέου ανταγωνιστή ή της επιτυχίας των υποκατάστατων προϊόντων.

Η αρχική διαπίστωση μπορεί επίσης να είναι η έλλειψη καινοτομίας στην γκάμα των προϊόντων και των υπηρεσιών, τα οποία πρέπει επομένως να ανανεωθούν για να γίνουν και πάλι ελκυστικά για τον πελάτη. Σε τέτοιες περιπτώσεις, το αίτημα υποβάλλεται συχνά από το τμήμα μάρκετινγκ, το οποίο, βάσει της έρευνας αγοράς του, προβλέπει πτώση των πωλήσεων στο μέλλον. Συνεπώς, η ενδιαφερόμενη εταιρεία θα προτιμήσει να δράσει προληπτικά για να ανανεώσει την προσφορά της, την τοποθέτησή της και τη διαφοροποίησή της από τους ισχυρότερους ανταγωνιστές της.

Η ανάγκη ανάληψης δράσης μπορεί επίσης να υποκινείται από την ανησυχία για την ανανέωση των τεχνικών παραγωγής που, επειδή δεν είναι πλέον σύγχρονες, δεν επιτρέπουν την παραγωγή υψηλής ποιότητας ή χαμηλού κόστους. Η αδυναμία αυτή αποτελεί πηγή ανταγωνιστικού μειονεκτήματος για την εταιρεία. Ανάλογα με τη σημασία της διαδικασίας ή της σειράς προϊόντων όσον αφορά τη συμβολή τους στο κέρδος και τη συνολική απόδοση της εταιρείας, η εταιρεία μπορεί να αποφασίσει να συγκρίνει μία ή περισσότερες διαφορετικές οντότητες με τις ίδιες μεθόδους ή να επικεντρωθεί σε ένα συγκεκριμένο τμήμα της εταιρείας και να αναλύσει όλες τις διαδικασίες εκεί.

# Η επιλογή των πόρων

Η επιλογή των πόρων – που επιλέγονται με σκοπό τη δημιουργία μιας δυναμικής "συλλογικής νοημοσύνης", μιας πηγής συνεργειών και ανταλλαγής τεχνογνωσίας – εκτός από τα τμήματα που αφορά η συγκριτική αξιολόγηση, αποτελεί συχνά καθήκον του διαχειριστή του έργου. Στις περισσότερες περιπτώσεις, μια *ομάδα εργασίας* αποτελείται από :

- **έναν υπεύθυνο έργου,** ο οποίος καθορίζει το πρόβλημα και τις πραγματικές ή/και πιθανές συνέπειές του, συντονίζει ολόκληρο το έργο, κατευθύνει τους πόρους στο έργο, φροντίζει για τον προγραμματισμό και το κόστος του έργου και, τέλος, εξασφαλίζει την άμεση σύνδεση με τον μελετώμενο εταίρο καθώς και με τη δική του ιεραρχία,

- **αναλυτές,** οι οποίοι μελετούν τις διαδικασίες ή τα προϊόντα που πρόκειται να συγκριθούν και, ανάλογα με τον τομέα εμπειρογνωμοσύνης τους, επικεντρώνονται σε πιο συγκεκριμένα σημεία. Ένας μηχανικός πωλήσεων θα ασχοληθεί περισσότερο με την επιλογή νέων προϊόντων, ενώ ένας αναλυτής επιχειρήσεων θα ασχοληθεί με την εφαρμογή νέων διαδικασιών,

- **την ομάδα που αφορά άμεσα το έργο,** δηλαδή το τμήμα στο οποίο απευθύνεται η συγκριτική αξιολόγηση: τα μέλη της θα πρέπει φυσικά να είναι στη διάθεση των αναλυτών για να τους παρέχουν όλες τις πληροφορίες σχετικά με τις τρέχουσες διαδικασίες και τα προβλήματα που αντιμετωπίζουν. Επιπλέον, σε αυτό το στάδιο, οι μαρτυρίες τους και η αντίληψή τους για τα πράγματα είναι απαραίτητες, έστω και μόνο για να διευκολυνθεί η μετέπειτα εφαρμογή των αλλαγών που αποφασίστηκαν,

- **διάφορα εξειδικευμένα άτομα,** τα οποία μπορεί να συμμετέχουν κατά περίπτωση. Για παράδειγμα, μπορεί να υπάρχει ένας υπεύθυνος διαχείρισης αλλαγών που θα συνοδεύει τους εργαζόμενους καθ' όλη τη διάρκεια του έργου, ή ένας υπεύθυνος που θα είναι υπεύθυνος για την αξιοποίηση της γνώσης που θα χρησιμοποιηθεί από άλλα τμήματα.

## Σχεδιασμός και τελική κοστολόγηση

Τέλος, το τελευταίο προκαταρκτικό βήμα περιλαμβάνει την κοστολόγηση του έργου. Αυτό περιλαμβάνει τον προϋπολογισμό για τους πόρους που διατίθενται, δηλαδή τους διάφορους περιστασιακούς και μόνιμους συμμετέχοντες, αλλά και το κόστος της συνεργασίας και το κόστος της αλλαγής των διαδικασιών. Φυσικά, η δυσκολία εκτίμησης του κόστους είναι ανάλογη με την πολυπλοκότητα του εν λόγω έργου.

Αυτό το τελικό στάδιο αποσκοπεί στον προγραμματισμό κάθε στόχου καθ' όλη τη διάρκεια του έργου, ώστε να δοθεί ένα συνολικό όραμα. Αυτός ο προγραμματισμός μπορεί να αναπαρασταθεί σε γραφική μορφή, ιδίως μέσω του διαγράμματος Gantt, ένα παράδειγμα του οποίου θα δούμε στη μελέτη περίπτωσής μας.

## ΦΑΣΗ 2 – ΕΠΙΛΟΓΗ ΕΤΑΙΡΩΝ

Η επιλογή του συνεργάτη είναι στρατηγικής σημασίας. Για παράδειγμα, κατά τη συγκριτική αξιολόγηση, μια εταιρεία συχνά αναζητά έναν αποδεδειγμένο ηγέτη στον κλάδο της ή μια εταιρεία που είναι συγκρίσιμη από άποψη προϊόντων, αγορών και πόρων:

- **επιλέγοντας τη συνεργασία με μια άλλη εταιρεία. Σε** πολλές περιπτώσεις, συνάπτεται συμφωνία που καθορίζει τη διάρκεια της ανταλλαγής, η οποία μπορεί να κυμαίνεται από μερικούς μήνες έως αρκετά χρόνια, καθώς και τις διαδικασίες λειτουργίας και τα είδη των πόρων που εμπλέκονται,

- **επιλογή ενός εσωτερικού τμήματος ή μιας θυγατρικής της εταιρείας.** Στην περίπτωση αυτή, η ανταλλαγή πληροφοριών είναι ευκολότερη και η σύμβαση πιο άτυπη. Μπορεί επίσης να πρόκειται για εργαζόμενους που αλλάζουν τμήμα εσωτερικά και έτσι διαδίδουν τις *βέλτιστες πρακτικές*. Αυτό απλοποιεί επίσης τη διαδικασία συγκριτικής αξιολόγησης,

- **επιλογή ενός ανταγωνιστή.** Στην περίπτωση αυτή, η εταιρεία βασίζεται σε δημόσια στοιχεία του ανταγωνιστή, όπως στατιστικά στοιχεία (π.χ. στοιχεία Nielsen), σε διαδικασίες που παρουσιάζονται σε συνέδρια ή ημερίδες ή σε πληροφορίες που συλλέγονται από ενδιάμεσους (προμηθευτές, διανομείς κ.λπ.) και πελάτες.

## ΦΑΣΗ 3 – ΑΝΑΛΥΣΗ ΔΙΑΔΙΚΑΣΙΩΝ ΚΑΙ ΣΗΜΕΙΩΝ ΑΝΑΦΟΡΑΣ

### Ανάλυση παλαιών και νέων διαδικασιών

Σε αυτή την τρίτη φάση, οι αναλυτές μελετούν ποιες εσωτερικές διαδικασίες θα πρέπει να τροποποιηθούν, καθώς και ποιες από τις διαδικασίες του εταίρου θα πρέπει να μιμηθούν ή ακόμη και να βελτιωθούν περαιτέρω, προκειμένου να αξιοποιηθεί ένα ανταγωνιστικό πλεονέκτημα.

- Οι εσωτερικές διαδικασίες είναι σημαντικό να αναλυθούν, καθώς είναι απαραίτητο να καθοριστεί τι και πώς θα εργάζονται οι ομάδες. Επιπλέον, είναι απαραίτητο να μετρηθούν οι τρέχουσες επιδόσεις, ώστε να συγκριθούν με τις επιδόσεις-στόχους, μόλις τεθεί σε εφαρμογή η συγκριτική αξιολόγηση.

- Οι διαδικασίες του εταίρου είναι επίσης σημαντικό να αναλυθούν προκειμένου να κατανοηθούν οι λόγοι της επιτυχίας τους (*βέλτιστες πρακτικές*) και να είναι δυνατή η εφαρμογή τους στη συνέχεια. Συνεπώς, δεν πρόκειται απλώς για ανάλυση των επιδόσεων, αλλά για διεξοδική εξέταση του τρόπου λειτουργίας αυτών των διαδικασιών.

## Ο ορισμός των δεικτών αναφοράς

Ο δείκτης αναφοράς είναι ο δείκτης επιδόσεων αναφοράς στον οποίο βασίζεται η ανάλυση συγκριτικής αξιολόγησης: ο όσο το δυνατόν ακριβέστερος καθορισμός του (ποσοτικοποιημένο χαρακτηριστικό, χρονικό πλαίσιο κ.λπ.) καθιστά δυνατή τη σύγκριση των διαφόρων δεικτών στο εσωτερικό και με τους εταίρους προκειμένου να τεθούν ρεαλιστικοί στόχοι.

Οι στόχοι αυτοί βασίζονται βασικά στις προσδοκίες του πελάτη. Ένας τρόπος για να γίνει αυτό είναι να βρεθεί – μέσω έρευνας αγοράς ή απόψεων των καταναλωτών – η ιδανική τιμή ενός προϊόντος, με άλλα λόγια, η αξία που δίνουν σε αυτό. Στη συνέχεια, η εταιρεία θέτει τους στόχους της (στρατηγικές μάρκετινγκ, τοποθέτηση και τιμολόγηση) σύμφωνα με την τιμή αυτή και τις ενδείξεις που λαμβάνει από τους ανταγωνιστές.

# ΦΑΣΗ 4 – ΔΟΚΙΜΕΣ ΚΑΙ ΤΕΛΙΚΗ ΕΦΑΡΜΟΓΗ

## Δοκιμές εφαρμογής

Πριν από την έναρξη της συγκριτικής αξιολόγησης, είναι χρήσιμο να προγραμματίσετε μια δοκιμαστική περίοδο για να ελέγξετε ότι οι βελτιώσεις μπορούν να γίνουν χωρίς να διαταραχθεί η λειτουργία ολόκληρης της εταιρείας.

Ένας πρώτος τρόπος για τη διενέργεια αυτών των δοκιμών είναι η οργάνωση μιας προσομοίωσης στο νέο περιβάλλον. Σε αυτή την περίπτωση, ολόκληρο το τμήμα ή μόνο ένα τμήμα του θα δοκιμάσει τις βελτιώσεις που εφαρμόζονται, χωρίς συνέπειες σε περίπτωση προβλήματος, αφού η εφαρμογή είναι μόνο προσομοίωση. Ο δεύτερος τρόπος είναι να δοκιμαστούν οι βελτιώσεις απευθείας σε ένα περιορισμένο τμήμα του στοχευόμενου τμήματος, ώστε να περιοριστούν οι συνέπειες σε περίπτωση προβλήματος.

## Και τέλος, η εφαρμογή της συγκριτικής αξιολόγησης

Η εφαρμογή της συγκριτικής αξιολόγησης μπορεί τελικά να πραγματοποιηθεί υπό τις κατάλληλες συνθήκες. Ορισμένες αλλαγές στις διαδικασίες ή νέα προϊόντα που κυκλοφορούν στην αγορά μπορούν να μεταμορφώσουν ριζικά τη ζωή της εταιρείας. Επομένως, είναι απαραίτητο να συνοδεύσετε τους εργαζόμενους κατά τη διάρκεια αυτής της μεταβατικής περιόδου (*διαχείριση της αλλαγής*), τηρώντας ορισμένα σημεία:

- να ορίσετε ένα "πρόσωπο πόρων" που θα διαχειρίζεται ολόκληρη τη διαδικασία διαχείρισης αλλαγών,

- Ξεκινήστε τη διαδικασία από την *κορυφή* προς τα κάτω για να διασφαλίσετε ότι οι διευθυντές εμπλέκονται πρώτοι, ότι κατανοούν τη σημασία των αλλαγών που εφαρμόζονται και ότι μπορούν με τη σειρά τους να ενημερώσουν και να παρακινήσουν τους υπαλλήλους τους,

- να επικοινωνείτε καθ' όλη τη διάρκεια του έργου, καθώς οι μεγάλες αλλαγές μπορεί να κάνουν τη βραχυπρόθεσμη και μεσοπρόθεσμη ορατότητα πολύ θολή, γεγονός που θα μπορούσε να έχει ως αποτέλεσμα τη σύγχυση των εργαζομένων. Η αποτελεσματική, διαφανής και τακτική επικοινωνία εντός της εταιρείας συμβάλλει στην αντιμετώπιση αυτών των προβλημάτων.

## ΦΑΣΗ 5 – ΠΡΟΣΑΡΜΟΓΗ, ΠΑΡΑΚΟΛΟΥΘΗΣΗ ΚΑΙ ΑΝΑΤΡΟΦΟΔΟΤΗΣΗ

Σε αυτό το τελικό στάδιο, απομένουν να ολοκληρωθούν τρεις εργασίες:

- **τη λεπτομερή ρύθμιση ή τις τελικές προσαρμογές που απαιτούνται για να λειτουργήσουν οι διαδικασίες.** Αυτό μπορεί να περιλαμβάνει, για παράδειγμα, διορθώσεις σε ένα νέο προϊόν ή την πρόσληψη ενός επιπλέον ατόμου στη νέα γραμμή παραγωγής,

- **παρακολούθηση των προκαθορισμένων δεικτών.** Είναι όντως απαραίτητο να μετρηθούν οι εξελίξεις στην εταιρεία και να συγκριθούν με τα σημεία αναφοράς, δηλαδή με τους δείκτες επιδόσεων που σχεδιάστηκαν στη φάση 3,

- **ανατροφοδότηση.** Εξασφαλίζει την αξιοποίηση της νέας γνώσης, ώστε να μπορεί να αναπαραχθεί αποτελεσματικά (ταχύτερα και με χαμηλότερο κόστος) στο μέλλον. Για το σκοπό αυτό, η *διαχείριση της γνώσης* αναπτύσσεται όλο και περισσότερο.

 **ΔΙΑΧΕΙΡΙΣΗ ΓΝΩΣΕΩΝ**

*Η διαχείριση της γνώσης* είναι ένα εργαλείο για τη συλλογή, τη συγκέντρωση, την αρχειοθέτηση, τη διάδοση και την ενημέρωση της γνώσης εντός μιας εταιρείας. Η γνώση που κεφαλαιοποιείται με αυτόν τον τρόπο – κατά κανόνα μέσω ενός εργαλείου πληροφορικής – προωθεί τη διάδοση των *βέλτιστων πρακτικών* εντός μιας εταιρείας ή στην περίπτωση συμπράξεων με άλλες εταιρείες που επιθυμούν να δημιουργήσουν κέντρα εμπειρογνωμοσύνης για την ανταλλαγή έρευνας.

# ΣΥΝΟΠΤΙΚΑ

- Η συγκριτική αξιολόγηση είναι μια τεχνική βελτίωσης διαδικασιών που βασίζεται στην ανάλυση και τη σύγκριση υφιστάμενων διαδικασιών. Η τεχνική αυτή εφαρμόστηκε στον επιχειρηματικό κόσμο από την Xerox στα τέλη της δεκαετίας του 1970 και σήμερα χρησιμοποιείται από τις περισσότερες εταιρείες.

- Υπάρχουν διάφοροι τύποι συγκριτικής αξιολόγησης, οι οποίοι ταξινομούνται ανάλογα με την πηγή των πληροφοριών και τους σκοπούς για τους οποίους χρησιμοποιούνται. Η εσωτερική συγκριτική αξιολόγηση παρέχει πληροφορίες σχετικά με τη λειτουργία άλλων τμημάτων της εταιρείας, ενώ η εξωτερική συγκριτική αξιολόγηση βασίζεται σε ανταγωνιστές και άλλες κορυφαίες εταιρείες του κλάδου τους.

- Δεδομένου του γενικού χαρακτήρα της μεθόδου, υπάρχουν πολλές εφαρμογές της συγκριτικής αξιολόγησης στις επιχειρήσεις. Μπορεί να εφαρμοστεί σε όλα σχεδόν τα τμήματα και τις υπηρεσίες και σε κάθε επίπεδο της ιεραρχίας. Τα κίνητρα, και συνεπώς η συμμετοχή των ανθρώπινων πόρων, είναι ένα από τα κλειδιά της επιτυχίας στη συγκριτική αξιολόγηση.

- Η αυξανόμενη ανταγωνιστικότητα και η διεθνοποίηση των αγορών αναγκάζουν τις εταιρείες να επιδιώκουν συνεχώς την αποτελεσματικότητα. Η συγκριτική αξιολόγηση δεν πρέπει μόνο να ωθεί τις εταιρείες να βελτιώνονται, αλλά και να τις υποχρεώνει να αμφισβητούν συνεχώς τον εαυτό τους.

- Υπάρχουν επίσης πολλά πλεονεκτήματα. Η συγκριτική αξιολόγηση καθιστά δυνατό τον περιορισμό του κόστους έρευνας και ανάπτυξης αποφεύγοντας να σχεδιάζονται τα πάντα από το μηδέν, την κάλυψη της διαφοράς από τους ανταγωνιστές με τη μίμησή τους, τη βελτίωση των εσωτερικών διαδικασιών με τη χρήση νέων διαδικασιών που έχουν ήδη αποδείξει την αποτελεσματικότητά τους ή την προσφορά προϊόντων και υπηρεσιών στην αιχμή της τεχνολογίας.

- Η μέθοδος αυτή έχει τα όριά της, οπότε μια εταιρεία που ξεκινά μια άσκηση συγκριτικής αξιολόγησης πρέπει να διασφαλίσει ότι οι νέες τεχνικές είναι σύμφωνες με τα εσωτερικά της τμήματα, ότι η ευημερία των εργαζομένων διασφαλίζεται με την κατανόηση και την αποδοχή των αλλαγών από αυτούς και ότι αποφεύγεται η βιομηχανική κατασκοπεία.

- Η επιλογή των ανθρώπινων πόρων είναι μείζονος σημασίας για την επιτυχία ενός έργου συγκριτικής αξιολόγησης. Για λόγους αποτελεσματικότητας και αξιοπιστίας, δεν είναι μόνο σημαντικό να ανατεθεί το έργο αυτό σε έμπειρους ανθρώπους με συμπληρωματικά ταλέντα, αλλά και να εφαρμόζεται αυτό που ονομάζεται "συλλογική νοημοσύνη".

- Το μοντέλο της *Διοίκησης Ολικής Ποιότητας* μπορεί να συμπληρώσει τη μέθοδο εμπλέκοντας κάθε εργαζόμενο στη βελτίωση της ποιότητας μιας υπηρεσίας. Επιτρέπει την επίτευξη ποιότητας κοντά σε μηδενικά ελαττώματα.

- Τέλος, η συγκριτική αξιολόγηση εφαρμόζεται με τον ίδιο τρόπο όπως ένα παραδοσιακό έργο: τα σημαντικά βήματα είναι η προκαταρκτική μελέτη, η επιλογή του εταίρου καινοτομίας, η ανάλυση των εσωτερικών και εξωτερικών

διαδικασιών, η εφαρμογή των νέων μεθόδων, η παρακο-
λούθηση και οι προσαρμογές αυτών και, τέλος, η ανατρο-
φοδότηση, που ονομάζεται επίσης *διαχείριση γνώσης*.

# ΓΙΑ ΝΑ ΠΡΟΧΩΡΗΣΕΤΕ ΠΕΡΑΙΤΕΡΩ


## ΒΙΒΛΙΟΓΡΑΦΙΚΕΣ ΠΗΓΕΣ

ABBOT (Thomas H.), "Du benchmarking logistique au choix d'une nouvelle stratégie d'organization", στο *Logistique-Management*, 1997, πρόσβαση στις 19 Δεκεμβρίου 2014.

http://www.logistique-management.com/document/pdf/article/5_1_76.pdf

BRUNO (Isabelle), *Συγκριτική αξιολόγηση. L'état sous pression statistique*, Παρίσι, La Découverte, 2013.

CHAPMAN (Alan), "Change Management", στο *Business Balls*, πρόσβαση στις 19 Δεκεμβρίου 2014.

http://www.businessballs.com/changemanagement.htm

COLLIE (Sarah L.), *Benchmarking in Higher Education*, University of Virginia, πρόσβαση στις 19 Δεκεμβρίου 2014.

http://www.virginia.edu/processsimplification/resources/Benchmarking%20Nov%20%203.pdf

COSTA (Nathalie), *Veille et benchmarking*, Paris, Ellipses Marketing, 2008.

FERNANDEZ (Alain), "Le TQM et la qualité totale", στο *Piloter la performance*, πρόσβαση στις 19 Δεκεμβρίου 2014.

http://www.piloter.org/qualite/tqm-qualite-totale.htm

OFFICE QUÉBÉCOIS DE LA LANGUE FRANÇAISE, "Étalonnage", 2006, πρόσβαση στις 19 Δεκεμβρίου 2014.

http://gdt.oqlf.gouv.qc.ca/ficheOqlf.aspx?Id_Fiche=8871077

Piché (Pierre), "14 προσεγγίσεις για τη συνεχή βελτίωση", στο *Quotient Lean Management*, πρόσβαση στις 19 Δεκεμβρίου 2014.

http://www.quotientmanagement.com/14-approches-d%E2%80%99amelioration-continue/

REH (F. John), "How to Use Benchmarking in Business", στο *About.com*, πρόσβαση στις 19 Δεκεμβρίου 2014.

http://management.about.com/cs/benchmarking/a/Benchmarking.htm

Soparnot (Richard), *Le management du changement*, Παρίσι, Albin Michel, 2010.

Vaisman (Olivier), "Le benchmarking ou étalonnage concurrentiel", στο *Ovaisman Online*, πρόσβαση στις 19 Δεκεμβρίου 2014.

http://ovaisman.online.fr/dossiers/Dossier-Benchmarking-internet.pdf

## ΠΡΟΣΘΕΤΕΣ ΠΗΓΕΣ

ACHARD (Pierre) και HERMEL (Laurent), *Le benchmarking*, La Plaine Saint-Denis, Afnor Éditions, 2010.

Gautron (Jacques), *Le guide du benchmarking*, Παρίσι, Éditions Eyrolles, 2003.

MEYER (Florent A.), *Pratiques de benchmarking. Δημιουργώντας νόημα συλλογικά από την επιτυχία άλλων οργανισμών*, Παρίσι, Lexitis Éditions, 2010.

"The Benchmarking Exchange", στο *Benchnet*, πρόσβαση στις 19 Δεκεμβρίου 2014.

http://www.benchnet.com/

MASLOW'S HIERARCHY OF NEEDS
Gain vital insights into how to motivate people
Personal accomplishment
Esteem
Belonging
Security
Physiologie
THE SWOT ANALYSIS
Strengths
Weaknesses
SWOT
Opportunities
Threats

Ο εκδότης διασφαλίζει την αξιοπιστία των πληροφοριών που δημοσιεύονται, η οποία όμως δεν μπορεί να αποτελέσει ευθύνη του.

Κύριο ISBN: 9782808664271
ISBN: 9782808671699
Νόμιμη κατάθεση: D/2023/12603/491

Ψηφιακός σχεδιασμός: Primento,
ο ψηφιακός συνεργάτης των εκδοτών.

www.ingramcontent.com/pod-product-compliance
Lightning Source LLC
LaVergne TN
LVHW010837200726
843508LV00012B/2639